我死教会生

정 성 진

나도 가끔은
시인이
되고 싶다

나도 가끔은
시인이
되고 싶다

시와 사진 | 정성진
펴낸이 | 원성삼
본문 및 표지 디자인 | 한영애
펴낸곳 | 예영커뮤니케이션
초판 1쇄 발행 | 2019년 11월 1일
초판 4쇄 발행 | 2025년 1월 5일
등록일 | 1992년 3월 1일 제2-1349호
주소 | 03128 서울시 종로구 대학로3길 29, 313호(연지동, 한국교회100주년기념관)
전화 | (02)766-8931
팩스 | (02)766-8934
이메일 | jeyoung_shadow@naver.com
ISBN 979-11-89887-11-7 (03230)

값 20,000원

나도 가끔은
시인이
되고 싶다

시 · 사진 정성진

예영

나에게 시는 마음속 고향이며 댕기머리 소녀 앞에 선 소년처럼 부 끄러움입니다.

시인이라는 소리를 듣는 것이 두렵습니다. 시인이라는 이름은 소월, 영랑, 이육사와 청마 같은 분들에게나 어울리는 이름이니까요.

고등학교 때 문예반에 들어갔고 학예부장을 했으나, 글 솜씨에 대해 칭찬 한 번 듣지 못했습니다. 그래도 시가 좋았습니다. 그래서 주로 시낭송을 했습니다. 소월의 시집을 가지고 뒷동산에 올라 "진달래꽃"을 읽던 때가 떠오릅니다.

지금도 37년 전 종로서적에서 구입한 『한국의 명시』를 끼고 삽니다. 그러나 나에게 시를 쓰는 것은 너무나 먼 이야기였습니다. 은퇴 버킷리스트 중에 시 300수 낭송을 첫 번째로 꼽았습니다. 그런데 가끔 시상이 떠오를 때가 있었습니다. 그때 써 놓은 시를 설교하면서 인용한 것이 화근이 되어 시집 발간을 제안받았습니다. 흠모하는 시인들에 대해 모독이 될까 봐 시인이라는 이름은 거절하렵니다. 그러나 남은 생애 시를 짓는 마음으로 살아가렵니다.

大痴山房에서

丁 聖 鎭

정려성 목사 | 시인, 서울세진교회 원로

정성진 목사님의 첫 번째 시집 『나도 가끔은 시인이 되고 싶다』의 출판을 진심으로 축하드립니다.

정성진 시인은 시인이기 이전에 거룩한빛광성교회의 훌륭한 목회자입니다. 그가 일찍부터 시인 기질이 있었음이 틀림없습니다. 소월과 영랑을 유달리 좋아하는 것만 보아도 그렇습니다. 시인은 같은 사물을 볼 때, 자기만의 독특한 눈과 귀가 있다고 할 수 있습니다. 다른 사람들이 볼 수 없는 것을 보고 들을 수 없는 것을 들을 때, 훌륭한 시인이라 할 수 있습니다.

정 시인은 그의 시 "모든 게 꽃이더라"에서 "눈 감아도 보이고/귀 닫아도 들리네//사랑에 눈 뜨니/모든 것이 꽃이더라//잎도 꽃/열매도 꽃/꽃 아닌 게 없더라/꽃 없음을 탓하지 말고/사랑 없음을 한탄하라//"고 합니다.

소월이나 영랑이 당대에 볼 수 없는 것을 보고 들을 수 없는 것을 보았다면, 정 시인은 오늘의 시점에서 볼 수 없는 것을 보고, 들을 수 없는 것을 듣는 선지자적 시인이라고 할 수 있습니다. 성경은 히브리와 그리스의 시인의 기록이라고 보아도 좋을 것입니다. 특히 구약의 시

편, 잠언, 전도서는 무한한 하나님의 역사하심을 잘 나타내는 시문집이라고 할 수 있습니다.

비록 늦은 감은 있으나 그가 시인의 꿈이 이루어진 것과 첫 번째 시집 출판을 진심으로 축하드립니다.

정성진 목사의 시 세계

김재남 목사 | 문학평론가, 전 세종대학교 교수

예술 이론 가운데 '반영 이론'이라는 것이 있다. 어떤 것을 표현할 때
에 그것을 표현하는 분이 자신이 알고 경험한 것 이상으로는 표현할
수 없다고 보는 이론이다. 예를 들면, 어린이 집을 다니는 어린이에게
딸기를 그림으로 그려 보라고 할 때에 그 아이는 부모님이나, 선생님
들로부터 들은 내용이나, 아니면 그림책에서 본 것 이상으로 딸기를
그려 낼 수 없다. 그러나 그 어린이가 현장학습 체험으로 딸기농장을
한 번 다녀오면, 누구에게서 들은 것이나 책에서 본 것 이상으로 딸기
에 대하여 자신의 이야기를 할 수 있다. 그림책에서 흔히 볼 수 있는
빨간 딸기가 아니라, 아직도 익기를 기다리는 연두 빛을 띤 딸기에 대
하여 말할 수 있다. 뿐만 아니라 책에서는 경험하기 힘든 딸기밭에서
느끼는 그 특유의 향기까지도 이야기할 수 있다. 이런 점에서 한 시인
의 시적 세계도 마찬가지라고 하겠다. 왜냐하면 그 시인만이 알고 경
험한 것을 나름대로 표현하고 있기 때문이다.

　정성진 목사의 작품 시들은 한 마디로 '착하고 선한 심장 언어로 쓴

시'라고 할 수 있겠다. 왜냐하면 그의 삶이 그러했고, 그가 알고 있고 경험하고 믿는 것이 그러하기 때문이다. 홍수가 많으면 정말 마실 물이 귀한 것처럼, 수많은 시적 표현이 장맛비처럼 쏟아지는 오늘의 현실 속에서 정말 우리 영혼을 정화시켜 주고, 참으로 우리 마음을 순진 무구한 동심의 세계로 인도해 주는 시심(詩心)은 만나기가 힘들다.

일찍이 공자는 『논어』 위정 편에서 "시경 삼백 편은 한마디로 사특함이 없다(詩三百 一言蔽之 日 思無邪)."라고 했는데, 이는 시경의 시 삼백 편만 암송하면 마음에 사악함이 사라져 버린다는 것이다. 그래서 예전에 과거시험을 볼 때 시제를 걸어 놓고, 한 장의 한지 위에 시를 짓도록 하여 국가가 필요한 인재를 찾았던 것도 그 인물의 사람됨, 마음 깊은 곳의 시심(詩心)을 통해서 청백리(淸白吏)적 인물을 찾고자 했던 것이다. 이런 점에서 보면, 시 세계와 시인의 마음, 시심(詩心)이 얼마나 밀접한 관계에 있는가를 알 수 있다.

구약의 시편을 보면, 거의 대부분이 다윗이 쓴 시다. 그가 바로 그런 시를 남길 수 있었던 것은 하나님께 속한 자이기 때문이며 하나님 앞에서 어린이와 같았기 때문이다. 사울의 핍박과 광야 생활 중에서 처절하리만큼 아픈 현실을 딛고서 그가 노래할 수 있었던 것도 그의 마음이 하늘을 향하여 있었기 때문이었다.

예수께서도 제자들에게 천국에 관하여 말씀하신 바도 같은 맥락에서 이해할 수 있으리라.

심령이 가난한 자는 복이 있나니 천국이 그들의 것임이요(마 5:3).

마음이 청결한 자는 복이 있나니 그들이 하나님을 볼 것임이요(마 5:8).

너희가 돌이켜 어린 아이들과 같이 되지 아니하면 결단코 천국에 들어

가지 못하리라(마 18:3 하).

　이러한 큰 틀에서 정성진 목사의 시 세계를 몇 가지 구체적으로 살 펴면, 우선 언어의 간결성이 그 특징이라고 하겠다. "가장 아름다운 보석", "내 입을 열면", "시인", "봄", "동백꽃", "단풍 낙엽", "주목 등걸에 핀 꽃" 등이다. 플로베르의 일물일어설(一物一語說)에 의하면 사물에 적합한 단어는 그 하나뿐이라고 했는데, 이는 언어의 간결성, 언어 경 제의 특성을 잘 말하는 것이라고 하겠다. 대체로 어린이들은 긴 문장 을 쓰지 않는다. 왜냐하면 순수하기 때문이다. 반면에 어른들은 간단 한 말도 많은 것을 생각하면서 둘러서 말한다. 자기의 속을 숨기고자 하기 때문이다. 언어는 정직해야 한다. 언어가 정직하지 못하면 사회 는 혼란스러워진다. 플라톤이 자신의 공화국에서는 시인 추방론을 주장한 것도 이데아의 세계를 가장 타락시키는 자들이 말장난을 즐 기던 당대의 궤변가들이기 때문이었다.

　두 번째, 정성진 목사의 시 세계는 긴 여운을 남기는 미학적 특성을 지니고 있다. "내 입을 열면", "타이거 힐", "기다리는 마음", "네잎클로 버", "술의 사회학", "주목 등걸에 핀 꽃", "경주 무명총에서", "우물에 비친 구름", "소문 전도", "주님이 세우신 성소", "찬란한 햇빛 비치는", "이런 교회 되게 하소서" 등이다. 이 여운은 화폭을 가득 채우는 서양 화와는 대조적으로 여백을 남기는 동양화처럼 '채움'이라는 창작자 중심에서 벗어나 대중과의 소통이라는 점에서 중요하다 하겠다. 그 것은 강요가 아니라, '음미의 자유'이며, 지경이 굳어져 있는 것이 아 니라, 새로운 '의미의 지평'을 늘 넓힐 수 있다는 점에서 죽은 것이 아 니라 살아 있는 것이라고 할 수 있다. 종소리가 그 종의 역할을 제대로 하려면 종소리의 여운이 오래 남아 있어야 하듯이 시적 여운은 읽는 우리 마음에 오래 머물게 한다.

세 번째, 정성진 목사의 시 세계는 사랑과 눈물, 눈물과 사랑이 함께 마주보는 특성을 지니고 있다. "사랑이 전해지도록", "사무치는 그리움", "엄마는 채울 수 없는 바다", "남은 것은 사랑", "암 선고를 받고", "사랑의 선물", "문제는 첫 단추", "그리움", "어머니는 그 슬픔을 어떻게 이기셨을까?", "주의 사랑을 세워 가리", "구도" 등이다. 정성진 목사는 주님과 교회, 가족과 삼라만상에 대한 진솔한 사랑을 사랑하는 마음으로 끝내지 않고 그 사랑의 이면에서는 가슴이 시리도록 감격하면서 눈물을 흘려보내고 그 눈물에 젖은 언어로 시를 쓰고 있다는 점이다. 순간 울컥하면서 솟아오르는 그 마음을 도저히 시적 표현으로 담아내지 않고서는 견딜 수 없는 그 내적인 에너지가 시를 쓰게 하는 것이 되었고, 이것이 오늘 시를 쓰지 않으면 안 되는 정성진 목사만의 이유인 것이리라! 그래서 이번 시집의 이름도 『나도 가끔은 시인이 되고 싶다』라고 겸허한 마음으로 정한 것이리라.

정성진 목사의 첫 시집 발간을 축하하면서 앞으로의 왕성한 창작 활동과 함께 연이어질 시집들을 크게 기대해 본다.

차례

보석 같은 교회

단상〔壇 · 想〕

사람 목사

시화집 음악 모음

감사색 〔感·思·色〕

시(詩)는

시는
빗방울과 함께 떨어진다
꿈속에서 떠오른다
숲속에서 줍는다
아련한 추억 속에서 피어난다

시는
기쁨과 함께 높아지고
슬픔과 함께 깊어진다
그리움을 먹고 자란다

시는
사랑
이별
희망
봄 · 여름 · 가을 · 겨울
그리고 꽃과 낙엽

시는
삶이다
그래서
시는 사람이다

내 입을 열면

건드리면
터지는
봉숭아 씨앗처럼

내 입을
열면

시가
터져 나오면
좋으리

우스리스크의 물봉선

시인

시어(詩語) 하나를
건지면
보석을 캐는
광부가 된다

한 줄 시를
길어 올리고
대어를 낚은
환희에 빠진다

시가 밥을
먹여 주냐고 하지만
영혼은
시를 먹고 산다

나도 가끔은 시인이 되고 싶다

나도
가끔은 시인이 되고 싶다

그리움이 밀려올 때
어머니가 그리울 때
첫사랑이 떠오를 때
숲길을 홀로 걸을 때
완행열차의 기적 소리를 들을 때

시 한 수로 감동을 주는
소월이 되고 싶고
시 한 줄로 감동을 주는
영랑이 되고 싶다

나도
가끔은 시인이 되고 싶다

다즐링의 검둥이는 달을 짖는다

다즐링의 검둥이는
밤을 위하여
게으른 낮잠을 잔다

나그네들이
잠든 밤에
사랑을 찾아
거리를 헤맨다

다즐링의 검둥이는
영역을 지키기 위해
목깃을 세우며
달을 짖는다

*칸첸중가도 잠들고
셀파도 고단한 몸을 쉬고
산록의 찻잎을 따던 처녀도
꿈속에서 사랑을 나눌 때
다즐링의 검둥이는 **구르카 용병처럼
히말라야의 밤을 짖는다

칸첸중가에 걸린 달을 보며
오늘도 다즐링의 검둥이는 달을 짖는다

다즐링에서

● 칸첸중가(Kanchenjunga): '다섯 개의 눈의 보고'라는 뜻이다. 네팔과 인도 국경에 위치한 세계 제3봉으로 높이는 8,586m이다.
●● 구르카(Gurkha) 용병: 오랜 세월 고산지대에서 단련된 네팔의 구르카 족들은 체력과 끈기를 바탕으로 영국이 네팔을 침공했을 때 영국군을 공포에 떨게 했다. 영국은 네팔과 평화협정을 맺은 후 구르카 전사들을 용병으로 고용했고, 구르카 용병은 1·2차 세계대전, 포클랜드 전쟁, 걸프전쟁 등에서 용맹을 떨쳤다. 영국은 지금도 한해 200명의 구르카 용병을 모집하고 있다.

타이거 힐

히말라야 호랑이는
태양이 떠오를 때
*타이거 힐에 올라
설산을 붉게 물들이는
황금빛 태양을 먹고
포효한다

히말라야 호랑이의 포효는
잠자는 숲을 깨운다
태양의 정기를 뿜으며
중생을 다스린다

태양이 칸첸중가 뒤로
숨을 때까지

● 타이거 힐–다즐링에서 가장 멋진 일출을 볼 수 있는 곳으로 높이 2,590m에 이른다. 태
양이 떠오를 때 호랑이가 타이거 힐에 앉아 칸첸중가에 비친 태양을 마신다는 전설이 있다.

개화전야(開花前夜)

준비됐습니다
조금만 더
조금만 더
바람을 주옵소서
햇빛을 주옵소서
단비를 주옵소서

천 송이
만 송이
천만 송이
환희의 날을
준비했습니다

출발선 앞에
팽팽한 긴장이
가지마다
망울망울
번져 가고

땅!
총성과 함께
일제히 봄을 열겠습니다

봄비

비가 내립니다
봄비가 내립니다
흐드러지게 핀
벚꽃 위에
봄비가 내립니다

하늘에서는
비가 내리고
나무에선
꽃비가
내립니다

꽃비를 맞은
나의 얼굴에
봄이
피었습니다

콜레우스

꽃이 지니 잎이 보이네

꽃이 지니 잎이 보이네
그 자리에 있었지만
전에는 보지 못했네

그때는 꽃향에 취해
보지 못했네

꽃만 보다 미처
보지 못했네

꽃이 지니
비로소 잎이 보이네

저리도 겹겹이 쌓여
꽃을 피우고 있었네
보는 이 없어도

마주나고 어긋나고 돌려나며
꽃을 피웠네
그때는 아무도 보지 못했네
비로소 꽃이 지니 잎이 보이네

그 푸른 멍울 속에
꽃이 들어 있었네

청산도의 봄

기다리는 마음

다가오는
발자국 소리만 들어도
누군지 아는 나의 귀는
파도 소리를 듣는 고동

해조음(海潮音)에 귀 기울여
먼 바다 소식 들으며
때로는 기쁨
때로는 아픔
울어도 울어도
파도 소리

억겁
세월이 스쳐 간 바위에
검게 타들어 간 이끼
파도 소리에 귀 기울이는
나의 마음

봄

봄은
쉽게
곁을 주지 않는다

수줍은 처녀 같이
연분홍 진달래 같이
변덕스런 봄바람 같이

봄은
비와
바람과
시샘

뽀리뱅이

모든 게 꽃이더라

눈 감아도 보이고
귀 닫아도 들리네

사랑에 눈뜨니
모든 것이 꽃이더라

잎도 꽃
열매도 꽃

꽃 아닌 게 없더라
결국 꽃은 사랑이더라

꽃 없음을 탓하지 말고
사랑 없음을 한탄하라

아득한 그대 모습
눈 감으니 보이고

아련한 님의 소리
귀 닫으니 들리네

사랑에 눈뜨니
모든 게 꽃이더라

● 김은찬 작곡 P166 / 윤정은 작곡 P168

좀작살나무 열매

네잎클로버

잔디는
태생이 진골
나는
천민의 자식

나는
스스로
뿌리를 깊이 박고
사방으로 뻗어
행운을 뿌린다

독한 약을 먹고
비틀거리면서
꽃을 토한다

연인들이
마주앉아
꽃반지를 만들고
화관을 씌우며
사랑을 부른다

알아주는 이
하나 없어도
나는
오늘도
행운을 뿌린다

동백꽃

동백은
세 번 핀다

겨울을 뚫고
나무에서 한 번

땅에 떨어져
또 한 번

그리고
내 마음에
영원히

겹동백 꽃

세월호

울돌목의 빠른 물살에
산성같은 배도 넘어지고
특전용사의 용맹도
최신 장비 기계도
최고 통수권자의 명령도
비바람 앞에 속수무책

대한민국은
우울의 바다에
희락을 빠뜨리고 울었다

천 송이
만 송이
백만 송이
피어라 피어라
부활의 환희로 활짝 피어라

르완다 강

황톳빛
강물을
밭 삼아

엄마는
오늘도
그물을 던진다

아이들은
강물을 운동장 삼아
자맥질을 한다

그 곁에 부레옥잠
유유히 떠내려간다

배는
강가를
스치며 가는데
선창가 소녀는 수줍은 미소로
가녀린 손을 내민다

르완다의 소녀들

르완다 충격

하루 만 명씩
백 일 동안
백만 명의
이웃을 죽인
대학살의 만행보다

하루 한 끼만
먹고도
웃고 살아가는
선한 얼굴의
미소

들녘에
지천으로 피어 있는
선홍빛 티보치나 꽃보다
더 아름다운
입술

자신의 입에
거미줄을 치고
어린 것들의 입에
밥을 밀어 넣는
모정

염소를
동생처럼
껴안고 사는
원초적 사랑

맨발로
한 시간을
걸어와
빵 한 개, 바나나 한 개 받고
누리는 행복

이들의
행복은
질이 다르다
결이 다르다

르완다의 티보치나

변기에 앉아서

변기에 앉아
모퉁이 거미줄을
보았다

집을 지어도
한참 잘못 지었네
여기가 어딘데

네 개의 문을 거쳐야
들어오는 깊은 곳에
어쩌자고
무얼 먹고 살려고

파리도
모기도
개미도
들어올 수 없는 곳에

혹시
너도
금식기도 중이냐?

● 윤정은 작곡 P170

성지순례 I

성지순례 열흘
시상(時想) 조각 하나 줍지 못했다

작열하는 태양에 몸은 타들어 가고
야곱이 되어 밤새 시차와 씨름하고
생경(生硬)한 입맛과 다투다
열흘이 그렇게 흐르고 말았다

나사렛에서 잠을 청하던 밤
혹시 꿈속에서라도
예수님을 만날 수 있을까
기대했건만
새벽을 알리는 *아잔 소리에
허무하게 잠을 깨고 말았다

성지순례 열흘
그분의 음성은 들려오지 않고
갈릴리 호수의 무심한 물결만 마음을 흔든다

그때,
돌무더기 잔해 속에
깨어진 모자이크 조각의 신비한 얼굴
이천 년 전
갈릴리로 나를 이끈다

● azān, 이슬람교에서 예배 시각을 알리기 위하여 큰 소리로 외치는 일   47

갈릴리 호숫가에서

인도의 봉황목

소나무 낙엽을 보며

누가 소나무를 상록수라 하였는가?
지난밤
숲을 흔들고 가을비 지나간 후
오솔길 사이로
주단을 깐 솔잎을 보았는가?

이미
솔 내음은 날아가고
하늘로 치솟은 검푸른 가지를 위해
자신을 떨군
거룩한 희생

단풍 낙엽

단풍을 보며
화학 물질 대사 때문이라 말하지 말라

낙엽을 밟으며
자신을 사르는 혼을 보라

낙엽을 절정으로
후일을 기약하는 맹세를 보라

술의 사회학

술을 혼자 마시는 사람이 있다
고독을 마시는 거다

술은 대작(對酌)하는 것이다

그 속엔 몇 푼의 허풍,
신세한탄,
내 뜻대로 돌아가지 않는
세상에 대한 푸념을
마시는 것이다

술은 동지를 만든다
나만 슬픈 게 아니다
너도 슬프고
나도 슬프다

그러나
그것으로 끝이 아니다
우리는 간을 키우고
내일을 마시는 것이다

아울렛

도수장에 끌려가는 소가 선한 눈망울을 하고
주인에게 끌려가듯
주인에게 끌려 아울렛 계단을 오르는 사내
다리는 천근만근 눈은 감기지만
주인의 마음을 거스를 수 없어
보이지 않는 고삐를 따라 아울렛을 돈다

그곳에는 자신이 정상임을 증명해 주는
수많은 뿔 잘린 황소들이
주인의 뒤를 따라 돌며 읊조린다

가화만사성
부부 일심동체
여성 상위 시대
소비는 미덕
쇼핑은 배설

음식은 민족

식성과
민족은 하나다
피는 물보다 진하다지만
음식은 국경을 넘어
고향으로 뿌리를 뻗는다

30년
뉴욕 맨해튼에 살고도
아침은 된장찌개
점심은 순두부
저녁은 갈비를 굽는다

뉴욕에 한 주 머무는 동안
햄버거 스테이크 냄새도 못 맡았다
묻지도 않고 따지지도 않고
•금강산, 산수갑산을
오르고 또 올랐다

30년을 살고도 입맛은 여전히 모국을 향한다
미국을 먹어보지 못한 서운함보다
한국 사람들의 배려 없음보다
더 큰 것을 깨달았다

아, 음식은 민족이구나!　　　　● '금강산', '산수갑산'은 뉴욕의 음식점 이름

태풍 속에서
- 태풍 솔릭으로 제주도에 갇혀서 -

솔릭은
초속 62m의 풍속으로
하늘과 바다를 평정했다

출렁이는 바다
조각배로부터
거함에 이르기까지
피항하고

굉음을 내는 하늘
잠자리로부터
점보기에 이르기까지
날개를 접고

하늘은
향방 잃은
비바람을 흩뿌리고

땅에는
인적이
종적을 감추고 말았다

하늘을 찌르던
교만은 고개를 떨구고
말을 잃고 말았다

포효하는 바다는
포말을 토하며
인간을 훈계하고 있다

주목 등걸에 핀 꽃

살아 천 년
죽어 천 년
주목 등걸에

나리꽃 씨앗
물고 가던
박새 한 마리

주목 등걸
화분 삼아
씨앗 심었네

봄 돌아와
싹이 나고
여름 되어
꽃이 피니

하늘 보고
웃음 짓는
하늘나리
피었네

죽어 천 년
주목 등걸
새 생명을
잉태하고

산 오르는
사람들
미소 머금고
바라보네

살아 천 년
으쓱하던
어깨를 내리고
주목은 조용히 웃네

덕유산 박새도
귀여운
하늘나리를 보며
높이 떠 지지배배

덕유산의 주목 등걸에 핀 하늘나리

한 잔의 차를 마시며

한 잔의 차를 마신다
한 잔의 너를 마신다
한 잔의 대화를 마신다

다향을 음미하며
고향을 추억하기도 하고
그 옛날 첫 사랑을 생각하기도 한다

혼자 차를 마실 때
헝클어진 마음이
차츰 정돈된다

어쩌면 한 잔의 차는
가까운 벗과 마셔야
잘 어울린다

동심에 젖어
먼 옛날 과거로 돌아가기도 하고
아련한 꿈에 젖어 본다

한 잔의 차 속에 담긴
그 향과 담소가
내 인생을 돌아보게 한다

한 잔의 차를 마신다
한 잔의 꿈을 마신다
한 잔의 사랑을 마신다
아, 아, 나를 마신다

헛 장마

빗님이 오신다
가슴을 열고
온몸으로 맞으라

우산을 접어라
부정 타
비가 그칠라

거북등 같은
농부의 마음을
흠뻑 적시도록
비야 내려라

비구름을 몰고 가는
바람아 멈추어라

쌓인 먼지를
씻어야 한다
타 들어간 농심을
적셔야 한다

말라 비틀어진
작물과

축 늘어진 나뭇잎에
생기가 돌 때까지
비야 내려라

경주 무명총에서

사람은 죽어서
이름을 남긴다고 했는데

누구였을까?
무엇을 했을까?

왕이었을까?
장군이었을까?

후회는 없었을까?
그러면 인간이 아니지

흙이 되었겠지
부장품은 남겼겠지

그의 이름은?

우물에 비친 구름〔雲井〕

파란 하늘이
우물 속에 쏘옥 숨었어요

우물에 비친 구름은
푸른 풀밭의 양 떼

우물에 비친 구름은
달콤한 솜사탕

우물에 비친 구름은
사르르 녹는 아이스크림

하늘이랑 구름이
우물 속에서 숨바꼭질해요

● 파주시 운정(雲井)지구의 한자 뜻을 생각하며 지은 동시
● 정혜주 작곡 P159

첫사랑

첫사랑은
짝사랑
부치지 못한 편지

첫사랑은
신기루 같이 아련한
봄날의 아지랑이

첫사랑은
애잔한 사랑
피지 못한 꽃 한 송이

첫사랑은
지워지지 않는
흔적

첫사랑은
마음에 새겨진
영원한 미소

첫사랑은
생각할수록 영롱한
새벽이슬

보석 같은 교회

가장 아름다운 보석

세월이 깎아 낸 보석
병 주고 산 보석

바라보면 아련해지고
생각하면 뭉클해진다
만질수록 빛을 더하는
가장 아름다운 보석

· · · · · · · · · ·
거룩한빛광성교회

● 박에스더 작곡 P158

인도의 무사엔다

소문 전도

소문이 전도한다

베풀면 소문난다
사랑하면 소문난다
화목하면 소문난다
재밌으면 소문난다
잘 먹이면 소문난다
잘 놀면 소문난다
신나면 소문난다

소문난 맛집
소문난 빵집
멀리서도 온다
소문 들고 찾아온다

내가
들은 소문보다
더하도다

소문이 전도한다

성령이 이루신 교회
-창립 5주년 기념예배 축시-

지난 5년의 세월
돌이켜 보니
어느 것 하나 주님의 손길
미치지 않은 것이 없었음을
고백하나이다

거친 세파를
헤쳐 나갈 수 없었던 일엽편주를
사랑의 줄로 붙들어 주시고
소원의 항구로 인도하신 주님!

섬기는 교회
인재를 양성하는 교회
상식이 통하는 교회
3대 목표를 이루기 위해
인위적 방법을 내려놓게 하시고
인본주의적 신앙을 배제하기 위해
각고의 노력을 하게 하시고
성령의 인도함 받게 하셨나이다

교회 개혁의 기치를 높이 들고
관습과 율법의 속박에서 벗어나게 하시고

주도권을 주님께 드리고
오직 바른 교회를 지향하게 하시며
상한 영혼을 치유하고
세상의 소금과 빛의
사명을 감당하고
한국 교회 개혁 모델의
사명을 자임케 하셨사오니
잘 감당할 수 있도록
힘과 능력을 더하여 주시옵소서

향후 10년의 비전을 높이 듭니다
하나님이 기뻐 받으시고
인도하여 주시옵소서

교회의 존재 목적이
선교에 있음을 깨닫게 하신 주님!
문화선교 센터를 건축하게 하시고
기독교 정신에 입각해
인재를 양성할 대안학교와
노령화 사회를 대비한 실버타운을 세울
광성동산을 허락해 주시옵소서

내 것을 채우는 일에 힘쓰다가

사랑을 나누는 일에

소홀함이 없도록

늘 나누고 베푸는 일에

힘쓰게 하시고

주님과 함께

우리의 마음이

낮은 곳으로 임하게 하시고

우리의 눈이

그늘진 곳을 보게 하소서

사회 구원과 개인 구원의 두 날개로

힘차게 비상하면서

높이 날아 멀리 보고

지청을 넓혀

하나님의 마음을 시원케 하는

교회 되게 하소서

7주년에 부치는 시

7년을 수일 같이
보낼 수 있었음은
사랑이었습니다

라헬을 흠모하여
종살이 7년을
수일 같이 보냈습니다

광야의 만나
하늘의 메추라기
반석의 샘물로
영혼을 풍성하게
채우셨습니다

추운 밤에 불기둥
더운 낮에 구름기둥
어머니의 품이었습니다
시린 손 품에 넣고
녹여 주시던
어머니의 사랑이었습니다

7년은 이른 비와
늦은 비
어머니의 눈물이었습니다

주여, 주님의 손으로 세우소서
- 성전 건축 기공예배 축시 -

다윗에게도 허락하지 않으신 성전 건축을
무엇이관대
무엇이관대
우리에게 허락하시나이까?

못 이룬 다윗의 한
이어 받은 후손의 손
주신 기회 깎고 다듬어
주님이 허락하신 성전
아름답게 세워 드리리

천 번의 기도
만 가지 소원
하늘 위로 뻗은 두 손
솔로몬의 정성을 드리오니
이곳에 임하시고 좌정하사
말씀하시옵소서
다스려 주시옵소서
영광 받으옵소서

비록 보잘것없는
조각목이오나

믿음으로 싸고 또 싸서
정금으로 나온 조각목이오니
야긴과 보아스로 세워 주시옵소서

섬기고
인재를 양성하고
상식이 통하는 교회로 세우신 지 7년
낮에는 구름기둥
밤에는 불기둥으로
광야 길을 인도하시고
만나로 먹이시고
메추라기로 채워 주신
기적의 나날

불신의 이스라엘에게
눈으로 보게 하시고
귀로 듣게 하시고
손으로 만지게 하신
기적의 나날

어린 영혼 장려하사
담대한 용사로 키워 주시고

법궤를 메고 요단을 건너라 하시니
그리하겠나이다
요단강 물이 멈춰 서게 하시옵소서

젖과 꿀이 흐르는 가나안
인류를 위한 물 댄 동산
자손만대의 축복의 통로
일산광성교회

지역사회 일곱 우상을 물리치시고
거룩한 문화로 가나안을 적시겠나이다
고양, 파주 경계선 두 발로 밟고
거룩한 도성을 만드는
물 댄 동산이 되겠나이다

한국 교회의 무너진 영성을 회복하고
수보하는 파수꾼이 되겠나이다
휴전선 너머 북녘 땅
무너진 제단 수축하고
탄식하는 영혼 건질 사명
기꺼이 감당하겠나이다

바나바와 사울을 구별하여 세운

안디옥교회 같이
열방을 향해 가든지 보내든지
선교의 사명을 감당하겠나이다

서원하며
힘을 다하여
뜻을 다하여
정성 다하여
목숨 다하여
주님의 집을 건축하오니
영광의 구름으로 임재하사
성막을 덮어 주시옵소서

주여,
주님의 손으로 세우소서!

주님이 세우신 성소
- 새 성전 입당예배 축시 -

양치기 소년을 장려하사
믿음을 주시고
사자를 찢게 하신 하나님!

조약돌 하나로
골리앗을 이기고
"전쟁은 하나님께 속한 것이다."
외치게 하셨습니다

어린 묘목에게 믿음 주시고
레바논의 백향목이라고
칭찬하신 하나님!
빈손을 부끄러워하지 않고
하늘을 향하여 두 손을 모으고
오직 믿음 하나로
주님의 성소를 세웠나이다

주여, 주님의 손으로 세우소서!
부르짖은 지 3년

먼지 뒤집어쓴 잡초만 무성한 땅
이곳이 주님이 예비하신

젖과 꿀이 흐르는 가나안일 줄이야!
이곳에 아름다운 성전이 서게 될 줄이야!

아, 이제야 알 것 같습니다
성전은 기도로 세우고
믿음으로 짓는 것임을…

지나온 날들을 뒤돌아보니
기적의 연속이었습니다
악도 선용하시고
선은 더욱 장려하시고
사방에 도움이 일어나게 하시고
길손도 동참하게 하셨습니다

주님,
이곳은
주님이 세우신
거룩한 성소니이다

● 김성진 작곡 P178

거룩한 빛을 비추게 하소서
- 창립 15주년에 부쳐 -

지난
십오 년
그것은 은총이었습니다

일산 정발산 자락
밤가시마을 모퉁이에
늦둥이로 태어났습니다

늦둥이를
안타까운 마음으로 바라보며
젖을 물리는 어미의 심정으로

주님은
그렇게
그렇게
먹이셨습니다

아기는
쑤-욱
쑤-욱
자랐습니다

들도 보도 못한 괴물
IMF가
온 나라를 흔들 때에도
품에 안으시고
보호하셨습니다

은혜에
보답하듯
잘 자란 아이는
신도시의 별이 되었습니다

캄캄한 밤
갈 바를 알지 못하는
무리들의 길이 되었습니다

유리방황하며
진리를 찾는 자들의
등대가 되었습니다

갈급한
심령들의
오아시스가 되었습니다

구브로의 카이퍼

동풍에 메뚜기가
몰려오듯
주님은
수많은
사람들을 보내 주셨습니다

그것은 전적인 은총이었습니다

지난
십오 년
그것은 기적이었습니다

그릇을 준비하라
엘리사의
명령대로
기름그릇을 준비했던
여인처럼
믿음으로
덕이동에
그릇을 준비했습니다

거룩한 약속의 반지를 드려

그릇을 준비했습니다

자신의 둥지를 드려
그릇을 준비했습니다

두 렙돈을 드려
그릇을 준비했습니다

믿음을
어여삐 보신
아버지께서
가득가득
기름을 채우셨습니다

주여!
내 잔이 넘치나이다
나의 잔이 넘치나이다

지난
십오 년
그것은 사랑이었습니다

주님은
넘치는 은혜를
나누어라
말씀하셨습니다

요셉의 꿈을 꾸며
날개 아래
병아리를 품었습니다
드림학교를 세우며 세계를 품었습니다

지역사회의
거룩한 빛이 되었습니다
고양·파주 성시화의
거룩한 빛이 되었습니다

이제
한국 교회 개혁의
거룩한 빛이 되겠습니다
북한선교의
거룩한 빛이 되겠습니다
세계선교의
거룩한 빛이 되겠습니다

내가
주와 선생이 되어
너희의 발을 씻겼으니
너희도 이와 같이 하라
주님, 본받아
잘 섬기겠습니다

내가
너희에게 분부한 모든 것을
가르쳐 지키게 하라
주님, 말씀대로
인재를 양성하겠습니다

내가
하늘과 통하고
땅과 통하여
물로 포도주를 만들었듯이…
주님, 믿음으로
하늘과 땅이 통하는 교회가 되도록
기적이 상식이 되는 교회로 세워 주소서

주님!
우리는 스스로
빛이 될 수 없사오니
주여, 거룩한 빛을 비추어 주소서
그 빛으로
온 누리에
거룩한 빛을 비추게 하소서

찬란한 햇빛 비치는
- 드림학교 교가 -

찬란한 햇빛 비치는 동산 위에
다 같이 모인 주의 꿈쟁이
하나님 말씀 배움의 기쁨으로
세상을 섬기는

드림이 기도의 두 손 모아 하나님 뜻을 묻고
드림이 주 뜻대로 행하며 우리 함께 나가자

어두운 세상을 진리의 빛으로
깜깜한 세상을 거룩한 빛으로
나가자 진리의 빛을 들고
세상을 밝히자

● 안진시 작곡 P165

이런 교회 되게 하소서
- 창립 21주년 기념예배 -

세상 경험과 지식을 가지고 한마디씩 하다가도
주님의 말씀 앞에 잠잠해지는 교회 되게 하소서

낙심한 자가 새 힘을 얻고 병든 자가 일어나고
상처받은 영혼이 치유받는 교회 되게 하소서

세상의 소란과 군중의 함성도 다 잠재우고
새벽의 평온함이 감도는 교회 되게 하소서

나무를 심으면서 "잘 자라게 해 주십시오." 기도하고
열매를 따면서 "감사합니다." 기도하는 교회 되게 하소서

먹든지 마시든지 하나님의 영광을 구하고
가든지 보내든지 선교하고
먼저 하나님의 나라와 의를 구하는 교회 되게 하소서

말씀을 사모하여 귀를 기울이고
말씀 증거 위해 입을 여는 교회 되게 하소서

입술로만 사랑을 말하던 사람들이
가슴으로 사랑을 말하는 교회 되게 하소서

"세상에 어디 믿을 놈 있나." 말하던 사람들이
"이 사람들은 믿을 만하다." 인정받는 교회 되게 하소서

교회를 비난하던 사람들의 입에서
"저런 교회라면 나도 가고 싶다." 인정받는
교회 되게 하소서

세상 사람들이 모두 넓은 길로 갈 때
"그 길로 가면 큰일납니다." 외치며
좁은 길로 인도하는 교회 되게 하소서

빈부귀천, 남녀노소, 유·무식을 가리지 않고
어깨동무하고 나아가는 천국 같은 교회 되게 하소서

함께 아파하며, 함께 눈물 흘리며
나라와 민족을 위해 애통하는 교회 되게 하소서

뒤에 오는 임을 위해 조용히 비켜 드리는
넓고 깊은 인격자들이 가득한 교회 되게 하소서

받는 것보다 주는 것이 복임을 알고
아낌없이 주는 교회 되게 하소서

주다가 망해도 성공임을 믿고
주는 일에 힘쓰는 교회 되게 하소서

싸우면서 할 만큼 좋은 일이 없는 것을 알고
화목을 도모하는 교회 되게 하소서

사람의 이름이 높아지는 것이 아니라
하나님의 절대주권이 나타나는 교회 되게 하소서

다수의 주장과 선임의 경험보다
상식이 통하는 교회 되게 하소서

교회에 부자와 높은 지위와 석학이 많음을 자랑치 말고
다음 세대를 짊어질 인재를 양성하는 교회 되게 하소서

대접받기보다 대접하고
섬김을 받기보다 섬기는 교회 되게 하소서

단상 〔壇 · 想〕

주의 사랑을 세워 가리

주님의 말씀에 순종하며 진리 앞에 잠잠하네
연약한 영혼 치유되어 새롭게 되네

광야 같은 세상 한가운데 주의 평화 구하며
창조하신 이 모든 것이 주 사랑임을 아네

주의 사랑을 세워 가리 주 영광을 위해
주의 사람을 세워 가리 주 오심 기다리며

주의 사랑을 세워 가리 주 영광을 위해
주의 교회를 세워 가리 주 오심 난 믿네

세상 자랑 모두 내려놓고 진리 앞에 잠잠하네
성령으로 변화되어 새롭게 되네

헛된 세상 마음 두지 않고 주의 은혜 구하며
내게 주신 이 모든 것이 주 사랑임을 아네

● 거룩한빛운정교회 파송의 찬양
● 이병윤 작곡 P171

남아공의 스타티스

구도(求道)

걸음으로 닿을 수 없는
그곳에
당신은 계셨습니다
그러나
나는 걸었고 걸어야 했습니다

해당화 향기마저
해풍에 씻긴
습습한 언덕 위에
당신을 바라고 간
발자국만이
어디론가 가고 있습니다

마주침도 맞닿음도 없이
뒤돌아 올 수 없는 길을
당신을 바라고 걸었습니다

걸어 닿을 수 없는 그곳에
당신은 계시고
나 또한 홀로 여기 있어
시종을 모르는 희뿌연 농무 속을 걷지만
발자국 속에 그대 계심을
나는 가슴으로 알았습니다

타이거 힐의 일출

● 김정리 작곡 P160

하와이의 공작 히비스커스

빛이게 하소서

빛이게 하소서
자신을 사르는
촛불이게 하소서

형극의 길
헤쳐 나가는 걸음 위에
손을
음성을
사랑을 보이소서

골고다 낮은 언덕 향해
옮겨 밟는 천근 걸음
십자가 홀로 지고
재림까지 십자가 좁은 두 어깨 위에

엘리 엘리 라마 사박다니
주여! 저들의 죄를 용서하소서

진리이게 하소서
영원이게 하소서
주님이게 하소서

어떤 고백

주님!
나는 설교 기계입니다
돌아서면 또,
돌아서면 또,
설교를 토해야 하는
설교 기계입니다

주님!
나는 설교 기계입니다
그러나
나의 기계에서는
눈물이 묻어 나오게 하시고
정이 묻어 나오게 하시고
사랑이 묻어 나오게 하소서

주님!
나는 설교 기계입니다
때로는 기름이 떨어져
기계가 헛돌기도 하고
쇳소리가 나는 낡은 기계입니다

주님!
당신의 향기 나는 기름을 부으사

나의 설교에서

십자가의 피가 묻어 나오게 하소서

십자가의 보혈로 꽃이 피게 하소서

● 윤종운 작곡 P174

성지순례 Ⅱ

성지순례
듣기만 하여도 설레는 말이다

예수님이 태어나시고
예수님이 자라시고
예수님이 복음 전하시고
예수님이 십자가 지시고
예수님이 부활하신 땅

이스라엘을 밟으며
예수님 없는 유대인의 삶을 보며
마음이 저려왔습니다

베들레헴과 여리고에서
장벽에 갇힌
팔레스타인들의 절망을 보았습니다

그 속에서 목숨 걸고 예수 믿는
유대인 크리스천과 팔레스타인 크리스천을 만나
함께 두 손 모아 기도했습니다

주님! 이 땅에 평화를 주옵소서!
주님! 이 땅에 여호와 샬롬이 임하게
하옵소서!

갈릴리 호수

예수 그리스도

입에
침이 고이게 하는
달콤한
향과(香果) 같은

예수 그리스도

승리의 순례자

광야 길 메마른 길 거칠고 험한 길
내가 헤치고 온 길 아닌
주님이 업고 오신 길
때론 원망으로 나 홀로 걷게 하시는 지
알 수 없어 불평했지만
뒤돌아보면 그의 발자국
나를 위해 걸으신 주님의 발자국

주님은 그 땅을
기업으로 주시고 아름답게 하셨네
주님은 그 땅을
젖과 꿀이 흐르는 가나안으로 만드셨네

광야를 통과케 하신 주님
인내를 배우게 하신
순종을 배우게 하신
비천한 나를 존귀케 하시고
대적에게 건지사 승리케 하신
주님 감사합니다
감사합니다

● 이병윤 작곡 P172

109

십자가

지고 가는 십자가만 십자가가 아니다
까닭 없는 비난도 십자가인 것을
몸 바쳐 일한 후에 모함받는 것도 십자가
엉뚱한 오해도 십자가
근거 없는 음해성 소문도 십자가
간질환도 십자가
안면 마비도 십자가
대상포진도 십자가
암 진단도 십자가
삼차 신경통도 십자가
고혈압도 십자가
공격받는 것도 십자가
반대 당 짓는 것도 십자가
두통도 십자가
근육통도 십자가
골다공증도 십자가

십자가를 감사하면
예수도 내 것
성령도 내 것
보혈도 내 것
구원도 내 것
죄 사함도 내 것
천국도 내 것
영생도 내 것
나는 하나님의 것

Jesus Nazarenus
Rex Judaeorum

안성 미리내 성지

결혼을 축하하며
- 장로님 딸 결혼에 부치는 글 -

믿음의 부모님이 계심을 감사하십시오
성실한 부모님이 계심을 감사하십시오
두 분이 모두 살아 계심을 감사하십시오

결혼은 어른이 되는 것
어른이 되었어도 어른을 본 적이 없다면
어른 노릇 하기 힘든 것인데
늘 본이 되어 주신 어른이 곁에 있기에
사람다운 사람이 되고
사람 노릇 할 수 있게 되는 것이지요

부모님께 물려받은 믿음이 자산이 되고
부모님께 물려받은 성실이 양식이 되어
하나님께 드리고 이웃에게 나누고 베풀며
세상을 유익하게 하는 삶이 되기를 기도합니다

효도는 모아서 하는 것이 아닙니다
지금 할 수 있는 사랑을 드리는 것입니다
후회하지 않도록 늘 작은 사랑을 드리고
부모님의 기쁨이 될 때
자녀가 태어나 보고 배우면서 자라
믿음의 가문을 이루게 될 것입니다

서로 섬기는 사랑으로
성령의 열매 맺는
아름다운 가정 되게 하소서

주름잎

하늘나라 편지

송이송이 나리는 아름다운 눈송이
온누리를 환하게 은빛세계 만들죠

하나님이 주시는 축복속의 눈송이
우리에게 주시는 사랑 표시랍니다

펄 ~ 펄 나리네 하늘나라 편지가
고운마음 가지고 서로 사랑하라고

하나님이 주시는 축복속의 눈송이
우리에게 주시는 사랑 표시랍니다　● 동시, 어린이 찬양─강태원 · 정혜주 작곡　P176

비엔나의 설경

지중해

사도들의 발자취를 따라
지중해 여러 섬을 돌았다

강렬한 태양에 눈멀고
얼굴은 함의 후예가 되었으나
마음은 에메랄드빛으로
물들었다

구브로에서 바나바와 나사로를 만나고
바보 앞 바다에서 아프로디테와 사랑을 나눈 뒤
그레데에서 미궁에 빠졌다

고스에서 히포크라테스에게 치료받고
사모에서 이솝과 피타고라스를 만나 문제를 풀고
가우다 앞 바다에서 유라굴로 광풍에 표류하는
바울을 보았다

그리고
밧모에서 사도 요한과 천국 이야기를 나누었다

끝없는 신화와 전설
학문과 예술과 문명
그리고 종교를 잉태한 바다
지중해는 진정 어머니 바다였다

사랑이 전해지도록

마음에 가득 찬 나를
한 줌만 덜어 내고
당신이 앉으실 자리를
내어 드리고 싶습니다

뾰족한 가시를
몇 개만 뽑고
당신의 쉴 곳이
되고 싶습니다

완고한 주장을
잠시 멈추고
당신의 소리를
듣고 싶습니다

솟구치는 욕망을
내려놓고
당신의 꿈을
받아들이고 싶습니다

하늘로만 향하던
탑을 헐고
당신과 함께 소박한 집을

짓고 싶습니다

움켜쥔 두 손을
펴고
당신의 두 손을
꼬옥
잡고 싶습니다

따뜻한 사랑이 전해지도록

유대광야의 엉겅퀴

사
람
목
사

가을은 그래서 상처로 남는다

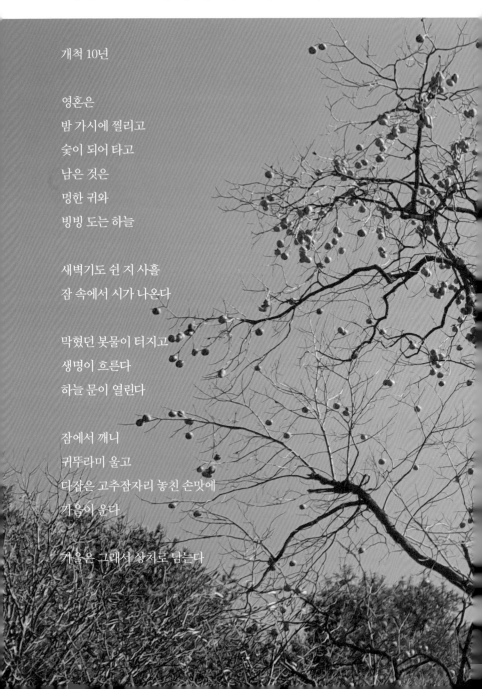

개척 10년

영혼은
밤 가시에 찔리고
숯이 되어 타고
남은 것은
멍한 귀와
빙빙 도는 하늘

새벽기도 쉰 지 사흘
잠 속에서 시가 나온다

막혔던 봇물이 터지고
생명이 흐른다
하늘 문이 열린다

잠에서 깨니
귀뚜라미 울고
다잡은 고추잠자리 놓친 손맛에
까을이 운다

가을은 그래서 상처로 남는다

밤가시마을에서 개척, 탄현(숯고개)동에 2005년 8월 건축 후 입당, 10월 3일부터 12일까지 미국 카네기홀 공연, 귀국하는 비행기에서 무거움이 짓눌러 왔다. 그 후, 이명증·현기증이 생겼다. 10월 16일부터 새벽기도를 쉬었다.

비가 오는 날에도

비가 오는 날에도
거미는 줄을 친다
삶의 무게를 느끼며
십자가를 지듯
비가 오는 날에도
거미는 줄을 친다

줄마다 빗방울이 맺히고
물 먹은 밥줄은
천근만근 무게를 느끼지만
비 오는 날에도
거미는 줄을 친다

비록 곤충 한 마리
걸려들지 않지만…

어쩌면,
나도 한 마리 거미가 되어
삶 속에 거미줄을 치며 살아간다

기다려도 기다려도 아무도 오지 않는
광야 같은 세상에서
나도 한 마리 거미가 되어
비 오는 날에도 줄을 친다

황혼이 깃든 언덕에 서서
- 인도 다즐링에서 -

나이가 들기 전엔
꽃만 꽃인 줄 알았습니다
황혼이 깃든 언덕에 서 보니
잎도 꽃이요
가시도 꽃임을 알았습니다

가시 없이 꽃이 꽃일 수 없으며
잎이 없이 꽃이 붉을 수 없음을 알았습니다

푸르른 날엔
산꼭대기만 정상인 줄 알았습니다
석양에 서 보니
비탈도 정상이요
골짜기가 꼭대기임을 알았습니다

깊은 골짜기 없이 산이 높을 수 없으며
비탈길 없이 정상에 오를 수 없음을 알았습니다

설교 준비

하나님과 깊은 사귐
말씀과 깊은 사귐
가족 간의 깊은 사귐
친구와의 깊은 사귐
애인과의 깊은 사귐
교인과의 깊은 사귐
자연과의 깊은 사귐

깊은 사귐 없는 설교
허공에 흩어진
공허한 메아리

숲에서 주운 감사

성지순례를 다녀와
시차와 씨름하다
작심 끝에 심학산에 올랐습니다

보름 만에 숲이 성성해졌고
나뭇잎 사이로
비치는 햇살은 순해졌습니다

그러고 보니
사람들의 옷소매가 길어졌고
멀리 들녘은 누런 옷을 입었습니다

후드득 후드득 도토리가 떨어지고
투두둑 툭툭 밤이 떨어집니다
사람들은 연신 고맙습니다
나무에 절하며
도토리와 밤을 줍습니다

다리는 후들
무릎은 시큰
이마엔 송골송골 땀이 맺히고
숨은 턱에 차는데
후드득 내 앞에 도토리 한 알 떨어집니다

반가이 주워 들고 바라보다가
다람쥐에게 던져 주고
빈손에 감사를 꼭 쥐었습니다

황룡산 다람쥐

암 선고를 받고

주님!
감사합니다
십자가 고난에 동참케 하시오니 감사합니다
느끼려, 느끼려 해도
느낄 수 없었던
십자가 고통을 암을 통하여
조금이나마
느끼게 하시니
감사합니다

나
이제
체휼로서
십자가를 십자가라고
증언하겠습니다

나는 살려고 목사가 되지 않았습니다
죽으려고 목사가 되었습니다

오직 주님
주님의 몸 된 교회 위해
주께서 맡기신 양무리 위해
이제껏

잘 참고 잘 죽었습니다

죽어야 살고
예수 안에 죽어야 영원히 사는
하늘의 법을 따라
잘 죽겠습니다

그리움

귀국길 비행기에서 가곡을 들으며
옛날로 돌아가
고향 산자락
샘물가에서
그리움을 마셨다

그리움은
하염없이
강물 되어 흐르고
지나간 사랑이
아련하게 떠오른다

내 생의 들녘에
꽃이었던 여인들
그들이 나를
키웠음을
이제야 알았다

주마등처럼
스쳐 가는 친구들
반백이 되어
추억을 곱씹고 있을 그들이
소년의 미소로 다가온다

그리움은
두레박 되어
추억을 길어 올리고
그리움은 노래를 타고
옛사랑을 불러오네

종합건강검진

오랜만에
종합건강검진을 받았다
쉰아홉에 열하나를 더한
신체 나이 칠십
웃자랐다고 해야 하나
겉늙었다 해야 하나
골병들었다 해야 하나
아니다 관리 부실이다

대장에서는 용종이 제거되고
의사는 대장암을 조심하라 겁을 준다

고혈압 환자는 적정 체중을 유지하고
음식을 짜지 않게 먹도록 하고
반드시 흡연과 과음을 피하라 한다
술 담배와 나는 촌수가 멀다

스트레스 해소 방법을 찾아 스트레스를 풀라 한다
그것을 누가 모르나 안 되는 것을 어쩌나

류마티스 인자가 관절염을 일으킬 위험이 있다 하고
B형 간염 항체가 없어 예방주사를 맞으라 한다
맥박수가 감소된 상태라 염려된다고 한다

심장이 쉬고 싶은 게지
그동안 몹시도 수고했다
내 너의 노고를 잘 안다

지방간이 있으니 식이요법과 꾸준한 운동으로
체중을 감소시키라 한다
동맥이 경직되고 있고
신장에 물혹이 있고
1cm짜리 담석이 보인다
나이가 드니 무게를 더하라는 게지

골밀도가 낮아 골다공증이라 하니
이는 바로 골빈 놈이라는 증거가 아니겠는가
내가 어찌 나를 모를까

전립선은 비대하고 돌도 있고 낭종도 있으니
필경 적게 먹고 적게 싸라는 신호일 게다

위염, 십이지장염 증세는
세상에 염증이 다 내게로 온 것이리라

MRI로 뇌를 촬영해 보니 혈관 이상 증상으로
기억력 감퇴, 두통, 어지럼증이 예상된다 하니

어지러운 세상에 대해
눈감고 기억을 지우라는 신호인 게다

두보는 자고로 "인생칠십고래희"라 했는데
고희를 10년 앞당겨 치르니 감사하지 않을 수 없다

죽으면 썩을 몸뚱이 아껴서 무엇하랴
병을 벗 삼아 달래며 어르며 함께 가리라
나이만큼 많아지는 약의 숫자를
풍족한 양식 삼아 오늘도 묵묵히 길을 가련다

사무치는 그리움

예순아홉 고개를 다 넘지 못하고 가신 어머니
어머니가 사십에 낳은 막내
쉰아홉 고개를 힘겹게 넘어가고 있습니다
새벽안개 길 같이 알 수 없는 내일을 향해
조심스레 발을 내딛습니다
당신은 그 길을 어찌 걸으셨는지요
무엇이라도 돈 되는 일이라면 움직이셨지요
이마엔 송골송골 땀방울이 맺히고
머리 위엔 떡 광주리를 이시고
먼 철길 걸어와
산 입에 거미줄을 걷어 내셨습니다

나이가 들어도 그리움은 쌓어만 가고

나이가 들고 세월이 가면
그리움도 줄어들 줄 알았다

그러나
어머니가 머리에 수건을 두르고
쑥을 캐던 언덕에 서면
그리움은 세월을 넘어
울컥한 마음을 토한다

반백 년이 지났으면
잊힐 만도 한데
나를 바라보시던 어머니의
선한 눈동자가 더욱 또렷해진다

이미 내 나이
그때 어머니 나이를 넘었지만
그리움은 멈출 줄 모른다

그리움은 나이도 모른다
그리움은 세월도 모른다

그리움은
그리움은…

엄마는 채울 수 없는 바다

엄마는
바다

아내로도
자식으로도
그 무엇으로도
채울 수 없는

엄마는
깊고 넓은 바다

어머니 故 윤덕희 권사 생가

어머니는 그 슬픔을 어떻게 이기셨을까

김광석의 이등병의 편지를 듣다가
눈가가 붉어지며
그날로 돌아갔다

1976년 5월 7일 아침
장위동 언덕 연립주택 앞에서
"잘 다녀오겠습니다." 씩씩하게 외치며 돌아섰지만
차마 어머니의 눈을 바라보지 못했다
그때 어머니는 돌아서서 우셨으리라

이미
세 아들을 졸병으로 보냈던
경험이 있으셨지만
어머니의 눈물은
마르지 않는 샘이었으리라

사십에 낳은 아들
매를 맞아도 한 번도 빌지 않던 막내
눈이 나빠 가지 않아도 될 군대를 간 후
엄마의 새벽기도는 더욱 깊어졌으리라

삼십사 개월 보름 면회 한 번 오신 적 없지만
어머니의 기도

어머니의 눈물이
나의 삶이 되었음을
나는 안다

어머니는 오랜 세월
그 슬픔을 어떻게 이기셨을까

심학산 비비추의 눈물

영혼의 허기

어머니의 막내로 태어나
마른 젖을 물고 자라
늘 허기진 배를 안고
살았습니다

허기를 채우려
아내의 젖을 찾았지만
아내의 젖은 자식들 몫이었기에
끝내 허기를 채울 수 없었습니다

아내에게 젖을 요구할수록
남편에게 줄 것이 없는
아내의 상처는 깊어만 갔습니다

인생을 한 바퀴 돈 다음에서야
땅에서 위로를 구할수록
갈한 목을 채울 수 없음을
알았습니다

육신의 허기가
영혼의 허기가 되어
하늘에서만 채울 수 있음을
알았습니다

이제 땅의 것으로 허기를 채우려 했던
배냇짓을 버리고
하늘의 위로로 영혼의 허기를 채우렵니다

남은 것은 사랑

화면 속에
젊은이들은
인기 가수의 노래를 따라 부르며
환호하고 있었다

나의 눈
나의 입
나의 머리와 마음까지도
정지화면이 되었다

아!
지난 사십 년
나에겐 세상이 실종되었다
나는 그들과 함께 부를 노래가 없었다

그러나
돌이켜보니
남은 것이 하나 있었다

그것은
사랑

성지에서 발견한 하트 모양의 돌

우울증 앓는 아내

오늘도 전화 속 아내는 무표정했다
전화를 하자니 반응이 두렵고
전화를 안 하자니 후환이 두렵다

밥상머리에 앉으니 할 말이 궁하고
실없는 소리로 적막을 끊는다

문을 열고 들어가 구석에 쪼그리고 있는
너의 모습이 마음을 짠하게 하고
쳐다보지도 않고 외면하는
마음이 야속하기만 하다

손을 잡으면 돌아눕고 벽을 쌓는다
침대의 간격은 건널 수 없는 바다

딸을 대할 땐 훈풍이 불고
나를 대할 땐 삭풍이 분다

남자는
항상 강하고 저 혼자 잘 사는 존재라
생각하지만
나도 때로는 엄마! 외치며 울고 싶을 때가 있다
위로 받고 싶은데

위로해야 할 아내가 웅크리고 있다
우울하지만 우울할 수도 없는 소년이
엉거주춤 눈물을 훔친다
그래, 남자는 눈물을 보이면 안 된다
강해져야 한다

홀로 눈보라 헤치고 한라산을 등반한
여장부인데
말 한마디에 상처받고 마음을 닫는
소녀가 그 속에 있다

이 널뛰는 마음은
신의 섭리인가
호르몬의 부조화인가

가마에 불 넣고
청자를 굽듯
불타고 나면
아름답고 청초한
학이 춤추는
비취빛 청자가 될까?

문제는 첫 단추

나는 제법 하는데
그녀는 늘 불안해했다

사람들과 대화를 할 때면
늘 밀착하여 자주 꼬집었다
그런 그녀를 이해할 수 없었다

나는 잘하고 있는데
별 탈 없는데
큰 실수한 적이 없는데
그녀는 늘 불안해했다

결혼한 지 35년이 지나서야
깨닫게 되었다
그녀가 나에 대해 가진 첫 인상이
불안이었음을

친구들을 선동하고 데모하던
이상한 그 학생이 어느 날 다가와
폐광촌 교회 담임 전도사로 가는데
결혼해 달라고 스토킹하던 때의
숨 막히는 압박이 가슴 속 깊이 내재되어
평생 불안이 된 것임을

아이를 낳을 때에도 곁에 있지 않고
가정사를 몰라라 했던 그 상처가
은퇴를 앞둔 지금까지 불안이 된 것임을

문제는
첫 단추를 잘못 낀 것이었다

탯줄을 잘라라

정월 열나흘 눈 덮인 한라산
성판악에서 한라산 정상을 밟고
관음사까지 5시간 17분에 주파한 아내
이어서 열엿샛날 송악산을 넘고
어리목까지 다시 오른 대한의 아줌마!
그날 밤 집에 돌아와 딸이 올해 결혼하겠다는 말에
잠 못 이루고 뜬 눈으로 밤을 지새웠다
아침에 퀭한 눈에 푸석푸석한 얼굴, 힘 잃은 다리
엊그제 한라산록을 누비던 강한 아줌마는 실종되고
애착의 질긴 끈에 끌려가는 엄마만 보인다
애착을 끊어라!
탯줄을 잘라라!

사랑의 선물

인생의 희락이 마를 즈음에
손자를 주시는
신의 한 수

할 말이 궁한
노부부를 이어 주고
웃음꽃을 피우게 하는
최고의 선물

자식을 기를 땐 보이지 않던
손짓 발짓 몸짓 하나하나에
사랑의 환희

하루만 못 보면 보고 싶고
오늘은 무슨 재롱이 늘었을까
궁금한 연속

인생의 모닥불이 사그라질 때
웃음을 되찾아 준
사랑의 선물

어마어마한 일

이는 실로 어마어마한 일이다
그리니치 천문대의 표준시가 바뀌고
케이에스 표준규격이 바뀌는 것보다
더 엄청난 일이다

이는 실로 어마어마한 일이다
공전과 자전이 바뀌고
산과 바다가 바뀌는 것보다
더 엄청난 일이다

이는 실로 어마어마한 일이다
아침과 저녁이 바뀌고
계절이 바뀌는 것보다
더 엄청난 일이다

이는 실로 어마어마한 일이다
손자의 성장을 바라보는 것은
천동설이 지동설로 바뀐 것보다
더 엄청난 코페르니쿠스적 전환이다

정(情)

정은
쌓는 것
탑과 같이
쌓는 것

정은
끊는 것
끌고 가면
무너지는 것

정은
묻는 것
봄이 되면
맘속에
피어나는 것

촛불이 꺼지듯이

어둠을 밝히던 촛불
마지막 촛농을 다 녹이고
까만 심지 한 점 남기고
사명의 종지부를 찍으련다

어두운 밤에 기도의 두 손을 모으고
상한 심령들과 벗하다가
촛불 같이
조용히 퇴장하련다

호랑이는 죽어서 가죽을 남기고
사람은 죽어서 이름을 남긴다 했으나
그분께 명패를 반납하고
이름 없이 사라지련다

촛불이
흔들리며
꺼지듯이

은퇴 유감

여느 날과 같이 아침 일찍 일어나
면도를 하다가 갑자기
'어디로 가지.'
생각이 드는 순간
가슴을 베이고 말았다

슬픔을 길어 올리지 말자고
수없이 되뇌고 왔는데
섭섭하지 않느냐는 질문에
'왜 섭섭해, 시원하지.'
호기 있게, 당당하게 말했는데

가슴 깊이 숨어 있던 미련이
울컥 솟아 나온다

아, 이래서 그랬구나!
놓지 못해 욕먹었던 분들이
조금이나마 이해되었다

갈 곳이 없는 것도 아닌데
아직 부르는 곳도 많은데
오래 있었던 그 자리가 나를 끌어당긴다

스스로 앞당겨 내려놓았어도
가슴 한편에 아쉬움이 쌓여
섭섭함이 되고, 슬픔이 된 것임을 알았다

'어디로 가지.'

치자꽃에 첫 나들이 나온 어린 사마귀가 비를 맞다

시 화 집 음 악 모 음

가장 아름다운 보석

정성진 시
박에스더 곡

세월이 깎아낸 보석— 병주고 산—보—석 바라보

면 아련해 지고— 생각하면 —뭉클해—진다 만질수

록 —빛을더 —하 는 가장아 —름다운 —보 석 거룩한

빛 광성교회 거룩한빛 광성 교회

우물에 비친 구름

정성진 시
정혜주 곡

구도

정성진 시
김정리 곡

걸음으로 닿을수—없는 그곳에 계신—당신 그러
나 나는걸었고 걸었습니다 마주침
도 맞닿음도—없이 뒤돌아 올수없—는길을—당신
을 바라고 바라고 걸었—습니다 해당
화 향기마저 해풍에—씻긴 습습한언덕 위에당신
을 바라고간 발자국—만이 어디론가— 가고있었습니다
걸음으로 닿을수—없는 그곳에 계신—당신 나또

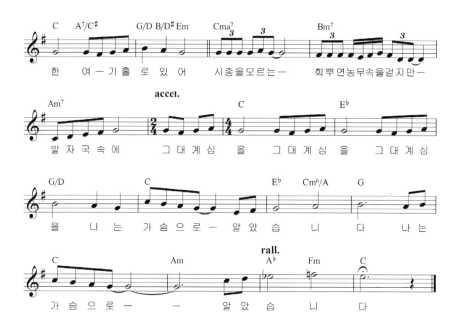

한 　여 — 기홀 로 있 어 　시종을모르는 — 　희뿌연농무속을걷지만 —

발 자 국 속 에 　그 대 계 심 을 　그 대 계 심 을 　그 대 계 심

을 나 는 가 슴 으 로 — 알 았 습 니 다 나 는

가 슴 으 로 — — 알 았 습 니 다

나이가 들어도 그리움은 쌓여만 가고

정성진 시
이병윤 곡

선한 눈동-자가 더 욱 더 욱 더 욱 또 렷 해진

다 이미 내 나이 그때 어머니의 나이를 넘었지만

그 리 움 은 멈 출 줄 모 른 다 ―

그 리 움 은 나 이 도 모 른 다 ―

그 리 움 은 세 월 도 모 른 다 ―

그 리 움 은 멈 출 줄 모 른 다 ―

그 리 움 은 나 이 도 모 른 다 ―

찬란한 햇빛 비치는
광성드림학교 교가

정성진 시
안진시 곡

모든 게 꽃이더라1

정성진 시
김은찬 곡

눈 —감아도 보이고 귀 —달아도 들리네

사 랑에 눈 뜨니 모든 것이 꽃 이 더 라

잎 도꽃 — 열매도꽃 — 꽃 —아 닌게 없 더 라

잎 —도꽃 — 열 매도꽃 — 꽃 아 닌 게 없 더

라 결국꽃은 사 랑 이 더 라 결국꽃은 사 랑

이 더 라 꽃없음을 탓 하 지 말 고 사 랑없 음을 한 탄 하 라

꽃 없음을 탓하 지 말고 사 랑 없음을 한 탄 하 라

아 득한 그대 모 습 —

눈 감으니 보 이 고　　　아 득한 그대 모 습 —

귀 달으니 들 리 네

아 득한 그대 모 습 — 눈 감으니 보 이 고　　　아 득한 그대

모 습 — 귀 달으니 들 리 네　　사 랑에 눈 뜨— 니

모 든게 꽃 이더 라　　모 든 것이　　꽃 이 더 라

모든 게 꽃이더라 2

정성진 시
윤정은 곡

눈 — 감 아 도 보 이 고 귀 — 닫 아 도 들 리 네

사 랑 에 눈 뜨 니 모 든 게 꽃 이 더 라

잎 도 꽃 열 매 도 꽃 꽃 아 닌 게 없 더 라

결 국 꽃 은 사 랑 이 더 라

꽃 없 음 을 탓 하 지 말 고 사 랑 없 음 을 한 탄 하 — 라

아 득 한 그 대 모 습 눈 감 으 니 — 보 이 고

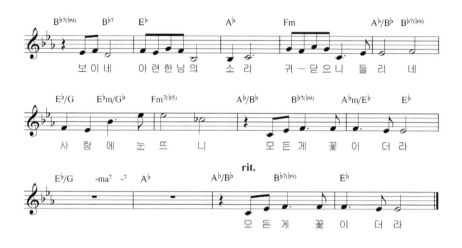

보이네   아련한님의 소 리   귀一닿으니 들 리 네

사 랑 에 눈 뜨 니   모 든 게 꽃 이 더 라

모 든 게 꽃 이 더 라

변기에 앉아서

정성진 시
윤정은 곡

주의 사랑 세워 가리

정성진 시
이병윤 곡

승리의 순례자

정성진 시
이병윤 곡

광 야 를 통 과 케 하 신 주 님 인 내 를 배 우 게 하 신

순 종 을 배 우 게 하 신 비 천 한 나 를 존 귀 케 하 시 고—

대 적 에 게 건 지 사 승 리 케 하 신 승 리 케 하 신 리 케 하 신 주

님 감 사 합 니 다— 감 사 합 니 다 — 감 사 합 니 다

173

어떤 고백

정성진 시
윤정은 곡

주님 나는 설교기계 입니다 돌아서면 또 돌아서면 또

주님 설교를 토해내야 하는 설교기계 입니다 —

주님 나는 설교기계 입니다 기계가헛 돌고 쇳소리가 나는

주님 나는 낡은기계 입니다 — 그러나

나의기계에 서는 — 눈물이 묻어 나—오게

하 시고 정이 묻어 나—오게 하 시고

사 랑 이 묻 어 나—오게 하 시 옵 소 서

주 님 나는 설교 기계 입니다 돌아서면 또 돌아서면 또

주 님 때론 기름이 떨 어져 쇳소리가 납니다 —

주 님 보혈의 기름 부어—주소서 주 님 주 님

주 님 나의 설교에 피—가묻어 나오게 하 시 옵 소

서 주 님 주 님 주 님 주 님 주 님 주 님

하늘나라 편지

정성진 시
강태원, 정혜주 곡

송 이송 이― 나 리는― 아 름다 운― 눈 송이―
펄 ―펄 ― ― 내 리네― 하 늘나 라― 편 지가―

온 누 리 를― 환 하게― 은 빛세 계― 만 들 죠
고 운마 음― 가 지고― 서 로사 랑― 하 라 고

하 나 님 이 주 시 는

축 복 속 의 눈 송 ― 이 ―

우 리 에 게 주 시 는

하 늘 편 지 랍 니 다

주님이 세우신 성소

정성진 시
김성진 곡

양 ― ― 치 기 소 ― ― 년 을 장 려 하 사 ―

믿 ― 음 주 시 고 믿 ― 음 주 시 고 ― 사 자 를 찢 게 하 신

믿 ― 음 주 시 고 믿 ― 음 주 시 고

하 나 님 ― 조 약 돌 하 나 로 골 리 앗 을 이 기

고 ― 전 쟁 은 하 나 님 께 속 한 것 이 다 외 치 게 하 셨 습 니

다 —

mp
어 린묘목에게 믿음주 시 고

mp
레 바논의 백양목 이라 고 칭찬하신 하나님

mf
빈 손을

부끄러워하지않 고 하늘을 *cresc.* 향하여 두손을

cresc.
하 늘 을 향하 여 두손

모으고 — *mf* 오 직 *mf* 믿 — 음 *decresc.* 하 — 나 로 *mp*

decresc.
을 모으 고 오 — 직 믿 — 음 하 나 로

179

주 님 의 성 소 를 세 웠 나 이 다
mf
주 ー 여 주 님 의 손 으 로 세 우 소 서 세 우 소 서 ー
mf
부 르 짖 음 에
응 답 하 신 하 나 님
f
부 르 짖 음 에 응 답 하 신 ー
♩.=92
f 1st. Solo
먼 지 뒤 집 어 쓴 잡 초 만 무 성 한 땅
f
먼 지 뒤 집 어 쓴 잡 초 만 무 성 한 땅

이—곳이 주님—예—비하신 젖—과꿀—이흐—르는 ——

가 — 나 — 안일 — — 줄 — 이야 — 가 — 나 — 안일 — —

줄 — 이야 — 이곳에 아름다운

성 전 서있네 이곳에 아름다운 성전

서 있 네   이 곳 에   아 름 다 운   성

전   서 있 네   아   멘

갈릴리의 석양

시와 사진 ● **정성진**

정성진 목사는 1997년, "내가 죽어야 교회가 산다."라는 목회 철학을 바탕으로 일산에서 열 가정이 모여 예배를 드리며 거룩한빛광성교회를 개척했다. 담임목사 6년 임기제를 도입하여 전교인에게 6년마다 신임을 묻는 신임 투표제를 시행하였다. 2013년 신임 투표에서 97.4%의 압도적인 지지로 재신임을 받았다. 아울러 개척 초기부터 담임목사와 장로 65세 정년제, 원로목사 제도 폐지, 목회자 보너스 폐지, 가용 예산의 51%를 구제와 선교에 사용, 헌금명세서를 비롯한 회계보고서 공개 등 기득권 유지를 막는 제도를 스스로 도입하여 한국 교회의 파격적인 개혁 모델을 제시하였다.

또한 장로 6년 단임 임기제, 자치기관 대표 당회원 임명, 사례금 없는 지휘자·반주자 봉사를 시행하고, 명예 권사·집사와 원로 장로 제도를 폐지하여 한국 교회에 신선한 바람을 불러일으켰다. 꾸준히 후배 목회자들을 키우는 데 애정과 사명감을 가지고 23년간 24개의 교회를 분립 개척하였다. 지역 사회의 작은 교회 세우기에도 계속 열심을 냈다. 그리고 해피월드복지재단을 세워 고양과 파주 지역의 가난한 이웃과 장애인을 돌보는 일에도 적극적으로 앞장섰다.

정성진 목사는 서울장로회신학교, 한국방송통신대학교 행정학과, 장로회신학대학교 신학대학원을 졸업하고, 실천신학대학원대학교에서 명예목회학 박사를 받았다. 광산촌부터 도시 목회까지의 경험을 바탕으로 다양한 목회 사역을 꽃피웠다. 2019년에 거룩한빛광성교회와 분립 개척한 거룩한빛온정교회의 담임목사를 청빙하여 사역을 인계하고 은퇴했다. 현재 해마루촌에 들어가 해마루수도원을 세우고 통일을 위해 기도하며 크로스로드선교회를 세워 후배 목회자들을 십자가 용사로 영적 전투에 내보내는 '다윗의 물맷돌 사역'을 시작하였다. 사회복지법인 해피월드복지재단 이사장과 장터사회적협동조합 이사장을 역임하고, 고양시 사회복지협의회 7대 회장으로 지역 사회를 섬겼다. 미래목회포럼 대표와 이사장, 한국교회봉사단 대표와 이사장을 역임했고, 쥬빌리통일구국기도회 상임회장으로 섬기고 있다. 그리고 학교법인 광성학원을 세워 다음 세대를 향한 청사진을 펼쳤다.

2019년「사상과 문학」가을호에 신인상으로 등단하였다.

주요 저서로는 『날마다 개혁하는 교회』, 『열정의 신앙』, 『당신만의 꿈을 가져라』, 『절대 믿음』, 『고난이 주는 축복』, 『주여! 제가 먼저 회개합니다』, 『예수님의 이야기로 가득한 성막의 신비』, 『행함』, 『산상수훈』, 『우리가 부르는 삶의 노래』, 『정성진 목사가 말하는 힘』(이상 예영커뮤니케이션), 『길이 되는 생각, 잠언』, 『아사교회생』(이상 두란노), 『성장하는 교회들의 8가지 정석』(국민북스) 등이 있다.